Rimbaud d'Arabie

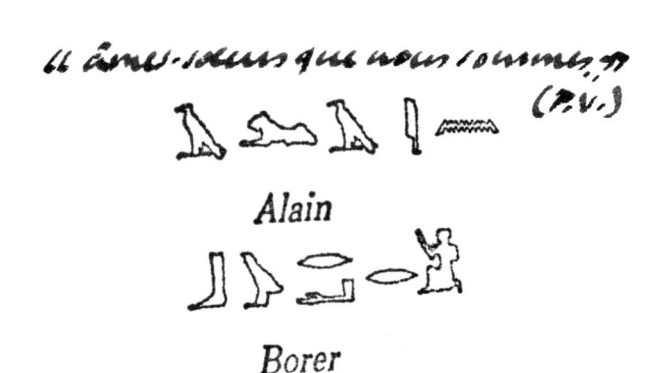

« âmes-sœurs que nous sommes » (P.V.)

Alain

Borer

Du même auteur

(Sur Rimbaud)

Rimbaud en Abyssinie
Édition du Seuil, 1984

Un Sieur Rimbaud, se disant négociant...
Avec Philippe Soupault, Arthur Aeschbacher et François Margolin
Lachenal & Ritter, 1984
Réédition Le Livre de Poche, Hachette, 1989, sous le titre
La Terre et les Pierres

Rimbaud, l'heure de la fuite
générique d'Hugo Pratt
collection « Découvertes »
Gallimard, 1991

Traduction

Rimbaud, d'Enid Starkie
Traduction, préface et notes
Flammarion, 1982, rééd. 1989

Petits livres

Bouts rimés d'Arthur Rimbaud
dessin de Michel Gérard
collection « Muro Torto »
Rome, Villa Médicis, 1980

« *Nothing de Rimbe* »
« Intervention/image » d'Ernest Pignon-Ernest
AREA, 1986, et La Nuée bleue, 1991

Radio

Arthur Rimbaud, raconté par Alain Borer
textes lus par Laurent Terzieff
cassettes Radio France, 1978 et 1989

A consulter

Le Voleur de feu
film réalisé par Charles Brabant
avec Léo Ferré, Jean-Pierre Pauty
TF1, 1978, et 1986

Fiction & Cie

Alain Borer
Rimbaud d'Arabie

Supplément au voyage

essai

Seuil
27, rue Jacob, Paris VIe
BAOU

CE LIVRE EST LE CENT VINGT-NEUVIÈME TITRE
DE LA COLLECTION « FICTION & CIE »
DIRIGÉE PAR DENIS ROCHE

ISBN 2-02-012885-3

© ÉDITIONS DU SEUIL, JANVIER 1991

La loi du 11 mars 1957 interdit les copies ou reproductions destinées à une utilisation collective. Toute représentation ou reproduction intégrale ou partielle faite par quelque procédé que ce soit, sans le consentement de l'auteur ou de ses ayants cause, est illicite et constitue une contrefaçon sanctionnée par les articles 425 et suivants du Code pénal.

à Claudia Moatti

On cherche ici la *mise au point*, optique, de tout détail,
chacun *juste* en tout cas, jusques au moindre ;
sa meilleure *définition*.
« *Dieu est dans le détail* » disait Flaubert ;
ce qui revient à dire « *Allah akbar* ».
On cherche aussi la vérité, qui est une autre paire de manches.

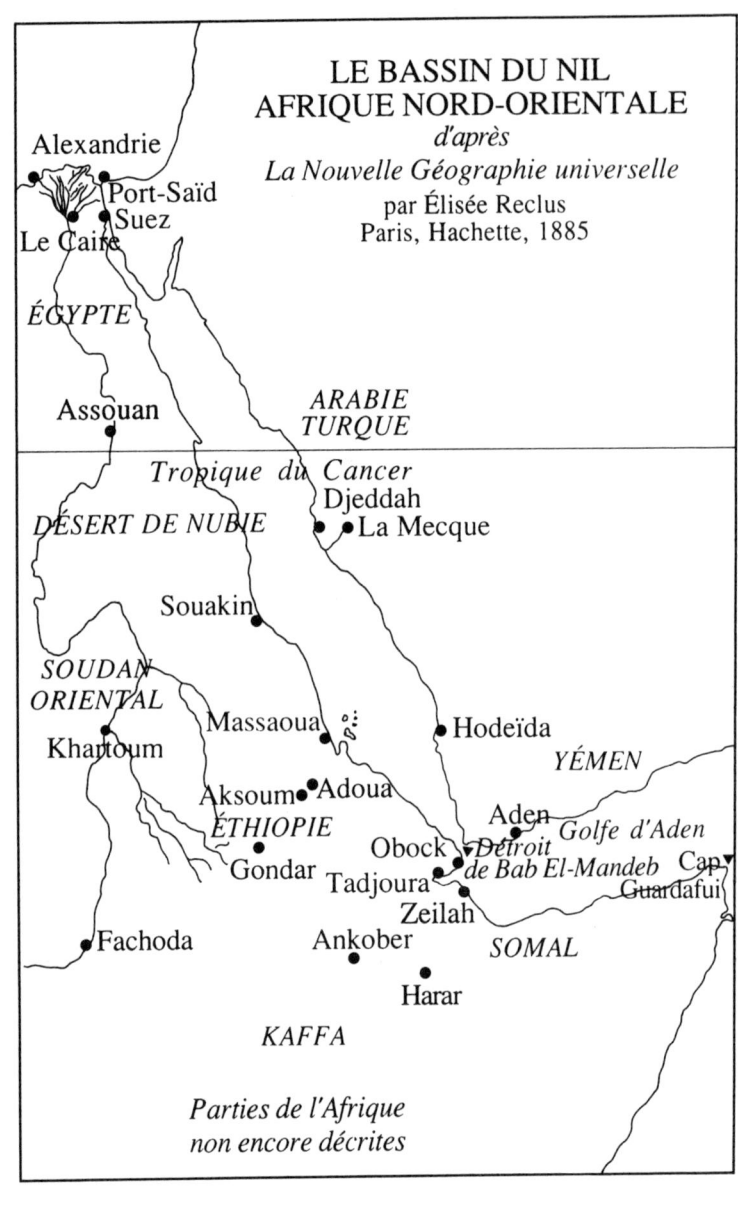

« Il trafiqua, sur la côte et l'autre bord, à Aden – le rencontra-t-on toutefois à ce point extrême ? féeriquement d'objets précieux encore, comme quelqu'un dont les mains ont caressé jadis les pages – ivoire, poudre d'or, ou encens. »

Stéphane Mallarmé,
Arthur Rimbaud (avril 1896)

Départs
« *dès toujours* »

« *C'est à l'Éden que je songeais !* »

A vingt-quatre ans, Rimbaud avait « le teint sombre d'un Kabyle ». Sur la route d'Attigny, dans la campagne violette des Ardennes, il avait quitté brusquement son ami Delahaye : « La fièvre !... La fièvre me talonne ! Il me faut le climat chaud du Levant. » Son ami ne devait plus jamais le revoir.

Delahaye lui écrit deux ans plus tard, en décembre 1881 : Mme Rimbaud ouvre elle-même la lettre et répond à Delahaye que son « pauvre Arthur » se trouve alors « en Arabie ».

Chacun a sa carte du monde, formidablement lacunaire, non pas seulement imprécise (comme celle de l'ancienne « Arabie Heureuse »), ni même utopique (pour laquelle l'imagination est trop pauvre) – mais une carte pour soi du réel imaginé. Ainsi du Sahara où un autre ami de Rimbaud, Ernest Millot, s'imagine le rencontrer, sans la moindre effusion ; de l'Asie où Verlaine situe « Hérat, ou encore Harat », tandis que Frédéric Rimbaud suppose que son frère « devait rester au Harar, ou Horor » ; ou encore de l'incroyable état du monde dans la tête de Mme Rimbaud, indiquant à Delahaye qu'Arthur « devait être à Harar, cap de Guardofui, du détroit de Bab el Mandeb, entre l'Abyssinie et le pays des Somalis... ».

Sans doute aussi chaque homme est-il sensible différemment à l'attraction des quatre points cardinaux, chacun a son tropisme, un point de côté. Rimbaud hésitait d'abord entre le Nord et le Sud – *Le Pauvre Songe :*

> *Choisirai-je le Nord*
> *Ou le Pays des Vignes ?*

et parcourut l'un et l'autre, marchant toujours dans ce « même désert » que fut le monde pour lui, sans la vraie vie, « désert de neige... désert crayeux... désert de mousse... désert de thym... ».

Arthur revenait chaque hiver à Charleville, et aux printemps il s'évadait. S'il y a une « coupure » dans sa vie, une seule, c'est l'épouvantable hiver de 1879-1880. Une commotion. Il tremble encore en y pensant dans la canicule d'Aden. Une lettre d'Arabie – où résonne, pour notre méditation, le mot réédition – garde la trace de cet outrage : « Je ne vous souhaite pas une réédition de l'hiver 1879-80, dont je me souviens assez pour éviter à jamais l'occasion d'en subir un semblable. » A Charleville « ça schlingue la neige ». Plus jamais Roche, « Terre des loups », cette campagne où les loups rôdaient encore à l'époque, traversant les forêts, depuis la Pologne ! Là, « le soleil est accablant et il gèle le matin », aussi bien qu'à Stuttgart « Il soleille et gèle, c'est tannant ». Dorénavant il s'abstiendrait de retourner en Europe l'hiver. L'« ailleurs » partout cherché se précise : il est torride. Plutôt Chypre : « en été, il y a quatre-vingts degrés de chaleur » – le bain turc ! Pendant dix ans d'Afrique et d'Arabie, chaque lettre à sa famille s'achèvera par une allusion au « fameux hiver » avec des vœux, que l'on dit ruraux, mais qui lui sont propres et délivrent une véritable métaphysique, d'« un été de cinquante ans sans cesser ».

L'Orient pour lui devint irréversible. Mais le « Parisien » de vingt ans, fier de son chapeau haut de forme, qui traînait en compagnie de Verlaine le long des docks de Londres, pensait déjà, penchait déjà vers l'Orient, insérant dans le *Times* des 7 et 9 novembre 1874 une petite annonce, avec « l'intention de voyager dans les pays d'Orient » ;

partant dès avril 1876 pour l'Europe centrale, Rimbaud se proposait de gagner le port de Varna, en Bulgarie, afin d'embarquer pour le Proche-Orient ;

à nouveau il embarque à Marseille, en septembre 1877, pour Alexandrie – deux ports, deux portes, et leur dialogue de répons ; nouvel échec ;

et le 19 novembre 1878 enfin, un navire génois emporte le « Voyageur Toqué » vers Alexandrie ;

c'est pour Alexandrie encore qu'il regagne Marseille après le fameux hiver de 1879, mais rebrousse chemin, grelottant de fièvre ;

en mars 1880, il repart pour un deuxième séjour à Alexandrie, sans espoir de retour ;

chaque année remarquons cet élan vers l'Orient – qui laisse deviner ce projet au cours de l'année 1875, pendant laquelle nous perdons si souvent sa trace – sans doute lors d'un séjour de juin à Marseille...

L'Orient chaque année nommé dans la correspondance, de 1880 à 1891, Rimbaud la jambe coupée l'appelle encore, un mois avant sa mort, quand l'azur par la fenêtre de l'hôpital de Marseille lui rappelle l'Égypte.

Et de même que l'Orient auquel il pense est extensible dans l'espace, et s'*illimite* à Zanzibar, aux Indes ou au Japon, de même il ne commence ni ne s'achève pas dans le temps, n'apparaissant nullement « après » l'entreprise littéraire, comme quelque prétendue « deuxième période » : *Une saison en enfer* (1873) ne se comprend pas sans « la pensée de la sagesse de l'Orient » ; puis « la ligne des Orients » traverse les *Illuminations* : comme tout ce qui agit Rimbaud et tout ce qu'il cherche, ce tropisme est là dès l'origine.

L'Orient se forme au square de la gare. Il est d'ailleurs présent « dès toujours » à Charleville – avec la musique militaire coloniale, la grammaire arabe ou le Coran de son père inconnu, capitaine du bureau arabe de Sebdou, en Algérie ; à travers les gravures luxuriantes du *Magasin pittoresque* ; au fond du grenier de la rue Bourbon lorsque, sur des « pièces de toile écrue », le *Poète de sept ans* « pressentait violemment la voile » ; dans le port de Charleville où il regardait passer les grands vaisseaux de la compagnie des Indes – songeant à « l'Orient, la patrie primitive ».

La « patrie primitive », littéralement, c'est l'origine : l'Ardenne. Pas plus que l'Orient réel, elle ne réussit à y coïncider. Et désespérément Rimbaud cherche ce lieu perdu, dont il s'éloigne à mesure qu'il fuit vers lui.

« Un passage pour l'Égypte se paie en or. » Ainsi Rimbaud l'impécunieux, atteint par « la soif fatale de l'or » qu'il clame en vers latins dès 1869, *a dû vraiment verser de l'or* à quelque passeur pour acquitter son accès à l'Orient, son péage de l'au-delà.

1
Port-Saïd, Égypte
24 juin 1876

« *Aux pays poivrés et détrempés...* »

Le vapeur *Prins van Oranje* des Messageries néerlandaises en provenance de Nieuwe Diep se présente au péage de Suez devant le phare de Port-Saïd.

A son bord, un détachement de l'Armée des Indes partant pour Java, l'île aux quarante volcans, rétablir l'ordre colonial dans l'ancien sultanat d'Atjah– « Nous massacrerons les révoltes logiques »... : quatre-vingt-dix-sept fantassins en uniforme de serge bleue, capote grise, képi passementé d'orange. Le grand sec, là, au milieu, visage ovale et yeux bleus, son fusil Beaumont entre les jambes, c'est Arthur Rimbaud.

Tandis que le capitaine Aukes crie ses ordres aux trois caporaux bataves, le jeune mercenaire contemple par les hublots du fumoir les darses de Port-Saïd, cette ville nouvelle d'Égypte, toute en damier, bâtie sur des carcasses de locomotives et d'énormes amoncellements de rails et de ferraille.

Sur ce bâtiment de guerre hollandais, dont la coque est heurtée par d'innombrables barques oscillantes, il a longé l'Épire et le Péloponnèse. Enfin, la chaîne grince dans les écubiers et le navire s'engage dans le chenal à la vitesse autorisée de cinq miles – huit kilomètres à l'heure –, croisant les grands paquebots retour des Indes, les bricks et les corvettes en un prodigieux enchevêtrement de mâts et de cordages, bien que tous les bateaux disposent leurs vergues et leurs mâtures dans le sens de la longueur pour éviter de s'accrocher.

Comme le mousse italien du service des chaudières, Sergio, avec lequel il joue aux dominos après l'heure d'instruction, Rimbaud attend son heure – pour déserter, avec leur prime de trois cents florins... Mais il accomplit à vingt-deux ans sa première grande traversée – et depuis longtemps il voulait voir le nouveau canal de Suez, qu'avait inauguré le 17 novembre 1869 l'impératrice Eugénie, en cortège avec les invités du khédive Ismaïl, tandis que Ferdinand de Lesseps regardait sa propre statue, son double au Caire, petit pharaon de l'âge de fer : aucun livre savant n'ouvre des perspectives plus profondes ni plus certaines que cet ouvrage moderne, gigantesque, séparant l'Afrique et l'Asie par un autre Bosphore, et pour lequel il avait fallu inventer des procédés et des engins nouveaux.

Croisant au sud-sud-est, le navire dépasse le pont pliant d'El-Kantara, conçu pour les caravanes qui vont d'Égypte en Palestine. Sergio remonte de la machinerie, les doigts protégés par une poignée d'étoupe car les main-courantes des échelles de fer sont brûlantes, s'approche d'Arthur et lui chuchote : « *Stasera, diserzione...* » Rimbaud ne dit pas un mot, à son habitude. Le *Prins van Oranje* se dirige vers Aden, qu'Arthur verra pour la première fois. Et tandis que la mer Rouge s'élargit à l'ouverture des deux golfes, le bâtiment franchit le tropique du Cancer, suivant « un promontoire aussi étendu que l'Épire ou le Péloponnèse (...) ou que l'Arabie ».

LE CANAL DE SUEZ AU SÉRAPÉUM.
Dessin de Riou, d'après nature.

2
Alexandrie, Égypte
10 décembre 1878

« *Je retournais à l'Orient...* »

Rimbaud débarque enfin à Alexandrie avec ce projet originel, exprimé clairement dès août 1871, depuis Charleville : « Je veux travailler libre : mais à Paris [remplacer *Paris* par toute « ville immense » : Stockholm, Hambourg, Alexandrie, etc.] (...). Je suis un piéton, rien de plus ; j'arrive dans la ville immense, sans aucune ressource matérielle : (...) il me faut une économie positive ! Vous ne trouvez pas cela sincère ? »

Citoyen d'Alexandrie une quinzaine de jours, il erre dans la deuxième ville d'Afrique, le long de la digue des Sept-Stades où les navires de toutes les échelles du Levant viennent charger le riz, les nattes de jonc et de palme, les essences florales et le coton et la soie ; il presse le pas dans les dédales de la ville turque et du quartier arabe, étroits et sales, avec maisons en encorbellement et fenêtres à persiennes, parmi toutes les langues et les couleurs, où Arabes en haillons, Noirs presque nus, Grecs, Maltais, Syriens se disputent

ALEXANDRIE. — VUE GÉNÉRALE.
Dessin de Taylor, d'après une photographie.

en criant les voyageurs, puis va dormir au bord de la mer, loin des rumeurs du delta, à l'abri d'une baie irrégulière qui se transforme lentement en marigot – au bord des roches la mer est rouge et lente, lie-de-vin.

Abdallah, le drogman qui offre ses services (un roumi qui les refuserait serait un piètre voyageur!) tout en s'offusquant de parler d'argent, conduit l'*effendi* dans la ville européenne, à l'est et au sud de la ville turque : Rimbaud suit sans un mot, au long des rues droites et larges de ce faubourg moderne où la poussière tourbillonnante n'en finit pas de disperser dans les embruns les prestiges antiques et tous les marbres blancs de la « merveille du monde », tombeau d'Alexandre, observatoire de Ptolémée, bibliothèque d'Euclide – quand le drogman soudain le presse d'entrer dans un vestibule, et le tire par la manche jusqu'à une cour intérieure : quelques hommes en tarbouches et costumes brodés, affalés sur des tapis, se livrent aux délices du narghilé... Musulman ou non, un homme qui n'a pas de femme ne peut se rendre qu'à l'*okel*, au caravansérail.

« *Machallah!* s'écrie un Européen à lunettes vertes, séparant le drogman de son client. Abdallah a bien raison, un jeune homme de votre âge devrait s'être déjà marié plusieurs fois!»

Autoritaire et apaisant, Eugène Villemin, ingénieur des Travaux publics, s'inquiète du jeune Français aux traits tendus, à la barbe blond-fauve, vêtu d'un costume neuf déjà fripé (un de ces spencers noirs que Rimbaud se faisait tailler à Charleville avant ses grands départs, laissant la facture à sa mère).

A plusieurs reprises au cours de sa vie, Rimbaud aura rencontré un ingénieur – savant, indépendant comme cet « homme obligeant et de talent » – tel qu'il voudrait être. Villemin lui offre une petite tasse de moka brûlant, que l'on tient dans un coquetier doré pour ne pas se brûler les doigts. Il propose aux Égyptiens, explique-t-il, des chaussées anglaises, des *macadams*, des *aigledons* de pavés ; eh bien ! ils aiment mieux les cailloux, les moellons, tout ce qui fait sauter les voitures !

Deux fois déjà, raconte Rimbaud brièvement, de sa voix devenue grave, toute en énergie calme, il est allé voir « une grande exploitation agricole, à dix lieues d'ici », où un fellah lui avait promis du travail... L'ingénieur, apprenant que le jeune homme passionné de sciences – la guerre a interrompu ses études – parle correctement l'anglais et l'arabe, promet d'user de son influence pour lui procurer un emploi dans les douanes anglo-égyptiennes. « Avec bon traitement. »

C'était à Alexandrie, une ville dont la seule horloge est la mer, avec au loin les épaves refluées aux frontons des îles, peu avant Noël.

3
Djedda, Arabie
7 juillet 1880

pour Alain Jouffroy

« ... *rien pour vous dans l'histoire des peuples orientaux...* »

Sur un sambouk à voiles latines, Rimbaud cingle vers l'Arabie... Aujourd'hui, on aperçoit par les hublots les « tentes » inaccessibles de l'aéroport de Djedda, étrange campement de béton aux marches du Rub al-Khali, le désert absolu du monde. Et tandis que montent à bord des avions les *mutawas*, la police religieuse, nous imaginons sans peine l'arrivée en Arabie, le seul pays du globe sans Constitution autre que la *charia*, d'un des rares infidèles cherchant au siècle dernier du travail aux portes de La Mecque – le « touriste naïf » d'une *Illumination*...

A peine descendu de la felouque, Rimbaud est appréhendé par de grands gaillards minces, ceinturon et baudrier serrant les djellabas. Quelques-uns chevauchent des pur-sang de robe baie ; sur leurs poitrines cliquettent de petites chaînes d'acier qui retiennent des paquets de poudre. Ils le conduisent à une tente,

Sambuk (veliero Arabo)

non pas une tente bédouine, « maison de poils », mais une haute tente solidement tendue par tous ses pieux.

Pesante, accablante, la chaleur ; un sifflement tinte aux oreilles ; tout semble crépiter dans le paysage vitreux et de toutes parts grillé ; le sable ardent fait cligner les yeux, même à l'ombre des tentes.

Amené devant le cheikh coiffé du tarbouche et d'une vieille robe à rayures, *kumbaz*, en usage sur les frontières des régions policées, Rimbaud lui adresse la salutation : « *Salaam aleyk* » ; le cheikh porte sa main droite à la tête : quiconque n'appartient pas à la seule vraie religion n'est pas autorisé à prononcer la parole appelant sur autrui la paix divine. Le bruit du pilon à broyer le café vient de l'autre côté de la toile. Rimbaud demande où se trouve Djedda, et s'entend répondre : « *Melun talibuhu* », ce qui peut signifier : « Maudit soit celui qui le demande. »

Les soldats ouvrent sa malle de voyage (neuve, on lui a volé la précédente à Vienne), à la recherche d'une gourde d'alcool ou autre pièce à conviction, confisquant ses couverts et quelques réaux. Puis il est emmené dans une sorte d'enclos, en compagnie d'une dizaine d'hommes punis par l'imam, qui ont les pieds ferrés d'énormes anneaux de métal réunis par une courte chaîne, et les chevilles protégées d'un chiffon. Toutes les étoiles tombent sur le désert, on n'entend que la traite des chamelles.

4
Souakin, Soudan
8 juillet 1880

« *L'honnêteté de la mendicité me navre...* »

A l'aube, renvoyé sur un boutre, Rimbaud débarque à Souakin, tête des routes du Soudan. Devant les fortifications, la mer était agitée à perte de vue de vaguelettes soulevées par des centaines de milliers de sardines...

Au souvenir de « l'enfance mendiante », Rimbaud n'a jamais un sou, « pas le moindre rond de colonne en poche » (à Izambard, 12 juillet 1871), pas même « un sou de transport » (à Delahaye, mai 1873) pour affranchir son courrier. Sa sœur Isabelle notait en marge d'une lettre de Stuttgart (1875) : « 21 francs 50 pour logement plus les frais d'annonces – combien lui restait-il pour manger pendant un mois ! » Arthur refusait qu'on lui offrît la pension : « c'est toujours tricherie et assujettissement, ces petites combinaisons. »

Assujetti : il ne le fut à personne, durablement, sinon à lui-même, sans cesse. Pour « l'indépendant à outrance », trouver « une économie positive » était la condition absolue de la liberté libre. C'est le sens des fréquents « rien à faire de ce côté, à présent » –

accompagnés de son petit geste coupant de la main droite à contretemps, par lequel il se désintéressait de la poésie ou de toute autre entreprise, et qu'il dut prononcer à Souakin comme ailleurs, sous un ciel de feu.

Un steamer de la compagnie italienne Rubbattino vient de jeter l'ancre. Devant le *Fourdah*, la douane, sur le quai même où les Amarer troquent à grands cris des vases de lait contre des pots de tabac ou de *dammour*, Rimbaud s'entretient en italien avec le capitaine du steamer, un Ligure ; il évoque Naples, Rome, Milan, Gênes, et la Ligurie, qu'il a parcourue à pied : l'officier l'invite à monter à bord pour rejoindre Massaoua, sa destination.

« *Lei è stato fortunato...* vous avez eu beaucoup de chance, lui explique l'officier, d'être expulsé de Djedda, où l'on ne tolère que les vaisseaux de la Compagnie des Indes : on peut attendre plus d'un mois la détermination du naïb... »

Or à l'instant de franchir la passerelle, le préposé de la douane turque exige de l'infortuné quelque taxe pour le laisser partir ; Rimbaud, fort dépourvu, et convaincu qu'en cédant il ne ferait qu'augmenter les prétentions du pandour, l'envoie « à tous les diables » – en colère il parlait français –, crie au « pignouf » : il est traîné chez l'émir, garrotté par plusieurs policiers ou *valys*. « Tiens-toi heureux si nous te laissons la tête sur les épaules ! »

SOUAKIN. — VUE GÉNÉRALE
Dessin de Slom, d'après une photographie communiquée par M. E. Cotteau.

A Souakin, les Bédouins du faubourg nommé El-Gheyf – avec ses agitateurs mahdistes –, les Turcs, Arabes, Indiens ou Noirs ne connaissent qu'une seule loi : la force. Tout ce qui parvient dans ce port, bâti sur une île au fond d'une longue baie – un chameau réputé pour son agilité, la lunette astronomique de James Bruce, les pistolets de Burckhardt –, tout appartient de droit à l'émir des Hadhérames (le nom dont s'enorgueillissent les Bédouins), selon son désir.

Celui-ci, bon vivant et constamment occupé à la lecture du Coran, avait déjà reçu dans son fortin des officiers anglais – dont il garde un fier lévrier, allongé à côté de lui – et même des frères mineurs ; il était familier des premiers commerçants européens qui débarquaient des paquebots, puissants, suréquipés, sûrs d'eux et parfois menaçants : bien que ne sachant pas parlementer, ceux-là étaient toujours d'un excellent rapport ; mais jamais encore, jamais l'émir n'avait vu un Européen qui fût non seulement jeune, sale, et seul, mais encore qui demandait du travail, chose incongrue, et pour gagner de l'argent, chose absurde, afin de vivre indépendant, chose incompréhensible ; qui, par Allah, se présentait sans lettre de crédit ni la moindre recommandation, et, comble de tout, contrevenant aux usages les plus élémentaires, n'avait pas à offrir le moindre cadeau... Navré, l'émir s'en remit pour finir, comme d'habitude, à la grâce de Dieu, qui enverra peut-être un jour, s'Il le veut, un autre étranger, compatissant, pour libérer celui-là, en rachetant les frais occasionnés par son hospitalité...

5
Massaoua, Érythrée
7 août 1880

« *Je me traînais dans les ruelles puantes...* »

Allumant à sa proue un feu de Bengale, l'*Armand-Béhic* (des Messageries maritimes), qui fait son premier voyage en Australie, mouille dans le port de Massaoua, entouré d'une multitude de boutres, ces petits bateaux somalis semblables aux jonques chinoises.

Sans remercier Miss Roseway – il n'a jamais pu s'arracher une formule de politesse –, Arthur Rimbaud se retrouve seul sur cette petite île : un récif de corail, sur lequel ne pousse pas un arbre, pas une feuille, où ne peut vivre aucun animal ; soixante degrés centigrades à l'ombre, mais pas d'ombre ; un bagne.

Comment peut-il supporter les chaleurs d'Arabie, en plein été, quelques mois après ses fièvres et l'« atroce » hiver précédent ? Les « fatigues sans nom » de ces voyages imprévisibles dans l'inconnu, leurs aléas, ces marchandages sans fin, et combien de « *Boukra, in cha Allah !* » (« Demain, s'il plaît à Dieu ») !

Il cherche la mission ou le consulat français dans des ruelles étroites couvertes d'un toit de natte ; village-couloir, éclairé de lampes fumeuses qui découpent des carrés orangés dans les maisons mauresques.

La chaleur étouffante, même aux heures vespérales, se complique de cette puissante odeur de beurre fondu qui caractérise l'Abyssinie ; à Massaoua l'Abyssinie vient à Rimbaud par l'odeur – et il la voit : au-delà d'une bande de sable se dresse le haut massif éthiopien, aux flancs duquel s'accroche un petit village dont on entrevoit les maisons entre les mimeuses, et qui en constitue l'unique accès connu – Arkiko, d'où descendent parfois les souverains d'Éthiopie pour se venger des pillards de la côte et des marchands d'esclaves.

Rimbaud se présente au consulat de France, bâti sur pilotis : en face, du côté de la mer Rouge, l'horizon est barré par l'île de Dahlak et son archipel coralligène, à l'est par la baie d'Adulis, le « golfe de Velours »... Personne aux alentours que des ombres fuyantes ? Où sont passés les Égyptiens et les Bosniaques, les Anglais qui prétendent contrôler l'accès de l'Abyssinie, les vendeurs de tortues et les vendeurs d'éponges ? L'épidémie rôde, sans doute la peste. Le consul de France est parti ce matin sur sa pirogue, emportant le drapeau.

A proximité se tient la résidence du *choum* qui prétend au titre de « Roi de la mer », et qui va et vient

MASSOUAH. — VUE GÉNÉRALE
Dessin de Taylor, d'après une gravure du *Graphic*.

d'Arkiko à La Mecque. Achmet, qui garde le palais (les Égyptiens savent construire, mais ils ne se donnent pas la peine de réparer...), répond à Rimbaud, en désignant le ciel avec effroi, que cette comète qui se montre chaque nuit fait s'abattre sur les grands cieux de Massaoua – il prononce *Maoùssawah* – la colère de Dieu. « *Mektoub !* »

Rimbaud s'efforce de le rassurer : par habileté autant que générosité, il assure qu'il est médecin, *yagoubé* – tel qu'il se rêve dans sa passion des sciences – « et bien au-dessus de pratiquer son art pour de l'argent ». Il a surtout la faculté de se faire entendre des personnages les plus différents, ouvriers des routes ou prince impérial, bédouins ou Négus, et déploie ce soir tout son talent.

Il pense à sa petite sœur Vitalie, dont la mort, en décembre 1875, lui avait causé tant de chagrin qu'il s'était rasé le crâne : ensemble avec leur mère ils avaient observé dans le ciel de Londres une comète, qu'Isabelle suivait en même temps depuis Charleville. Achmet fait apporter le café et quelques dattes écailleuses ; ce qui est très rassurant pour le voyageur, car dès qu'un musulman vous offre à boire et à manger, votre sécurité est assurée.

6
Hodeïda, « Arabie turque »
10 août 1880

« ... *sans gîte, sans habits, sans pain...* »

Ayant engagé son dernier thaler pour fuir la côte hostile, dans un chebek aux voiles ferlées – un trois-mâts, avec voiles et avirons –, Rimbaud approche à nouveau des côtes d'Arabie, au Yémen – « le pays à main droite », le pays qui est à droite quand on a le regard tourné vers La Mecque.

Il était tout près d'Hodeïda, mais pas encore dans le port, quand tout à coup survient un calme plat, aussi splendide que désespérant. Pas une ride sur l'eau, pas un souffle d'air. Les voiles tombent inertes le long des mâts. N'ayant rien à offrir, Rimbaud ne peut convaincre l'équipage de prendre les avirons pour trois ou quatre heures... : pendant toute une journée il reste à contempler Hodeïda, gros grains d'un rosaire de villages zaranigs, rouges et ocres étagés sur la montagne, tous encombrés des zarouks somalis, des boutres arabes et des houris de la pêche aux perles.

Le lendemain, épuisé, affamé, déshydraté, aveuglé, poussiéreux, ruiné, désillusionné, Rimbaud s'est affalé sous un grand jujubier, dont il connaît les fruits au goût de pomme acide, et à l'ombre duquel luisent parfois de petits scorpions translucides qu'on prendrait pour des bijoux. « Prototype de résistance à la chaleur » – dira de lui Segalen –, Rimbaud ne s'offre plus au soleil, « dieu de feu », depuis son insolation de Civitavecchia, et plus que jamais il craint la démone soleil, *Shams*, qui est féminin en arabe.

Une nuée d'enfants accourt, bouches bées, et bientôt il est entouré d'*askaris*, soldats en jupe très ample, large jambia à la ceinture. Il s'étonnerait de ne pas voir « mille diables bleus danser dans l'air » ! Non loin, dans le village de terre, on entend le fracas de deux hommes promenés par les rues, un tambour attaché sur le dos – les derniers Juifs du Yémen...

Puis un personnage très distingué, qui a trois œillets d'Inde fichés dans un turban violet, la joue gonflée d'une boule de qat, s'apprête à prononcer une décision irrévocable au sujet de ce jeune étranger en pantalon quand intervient – casque colonial, la cinquantaine – un Européen, M. Trébuchet.

Ancien marchand de pièges à Morteaux-Coulibœuf (Calvados), Armand Trébuchet s'est retrouvé « par les hasards du destin » agent de la maison Morand-Fabre de Marseille qui importe le moka d'Arabie : « pionnier des Tropiques », il promène depuis vingt ans « sur ces côtes désolées » une silhouette excessivement flaubertienne... Respecté de tous à Hodeïda, Trébuchet se porte garant, spontanément, de son jeune compatriote. Il lui tend sa gourde, puis sort de sa besace... un trésor : une boîte en fer-blanc de chocolat Menier.

7
Aden, Yémen
2 novembre 1880
(Krater)

« ... *des salles de l'Orient ancien...* »

Le soleil s'écrase dans la mer Rouge à six heures chaque soir de l'année, et chaque soir à six heures le minaret du souk d'Aden flamboie, orange sur azur sombre, au quatrième appel du muezzin.

Vis-à-vis du minaret et du tribunal – un *court* strictement britannique –, dans les vastes et sombres ateliers de triage *(harim)* de l'agence Bardey, tous les ouvriers s'accroupissent : les *hammals* arabes chargés de la manutention abandonnent leurs emballages cousus de cordes, et les trieuses de café, une trentaine de femmes hindoues, délaissent les sacs de moka tandis que leurs époux, sur la place, tous engagés dans l'escadron de cavalerie anglaise, quittent leurs chameaux attelés à des batteries d'artillerie...

C'est l'instant qu'attendait Arthur – le vacarme du souk s'apaise ! – pour flamber discrètement une plume, en toute hâte, sans rature, sans « littérature » : « Aden... un roc affreux... sans un brin d'herbe... » (le sarcasme chronique surgit cette fois) : « ... à moins qu'on ne l'apporte... »

« Il fait une chaleur, chaleur ! » Germain Nouveau avec l'accent du Midi répétait toujours ce vers idiot, que Rimbaud retrouve sans cesse malgré lui dans sa tête... une chaleur ! dans ce bureau « très frais et très ventilé » de la factorerie que le négociant français Alfred Bardey vient d'ouvrir à Aden Camp, au centre du volcan et du quartier nommé Krater : « ici, les parois du cratère empêchent l'air de rentrer, et nous rôtissons au fond de ce trou comme dans un four à chaux ». Mêlées à l'odeur de sciure du café moka vert, « les outres suintent »... Néanmoins, « la maison du Juif » – Bardey l'a achetée à Menahem Missa, propriétaire de la moitié des maisons de la ville – est la plus belle du bazar avec ses quatre arcades du rez-de-chaussée et une vaste véranda à l'étage.

Rimbaud n'en peut plus d'attendre les draps commandés à Lyon, pour se vêtir convenablement et à peu de frais, pour quitter ces cotons blancs d'Aden, trop rêches, dans lesquels il s'est taillé et cousu un ... costume ; d'attendre, surtout, à chaque arrivée du bateau des Messageries, les manuels qu'il a dû abandonner sur le mont Troodos à Chypre l'an passé. Pendant toute la durée de la prière, Megjee Chapsee, le banian hindou qui traite pour lui avec les marchands indigènes du souk, est figé dans l'embrasure de la porte comme au musée de cire.

ADEN.

SHEIKH SAYID TOMB

Dans un instant, Rimbaud devra reprendre son rôle de *kérani* (comme on l'appelle : en traduction littérale « le méchant »), chef du magasin : vérifier les grains *safi* (bien triés), peser en poids anglais ou français, emballer dans des nattes de palmier, *attal*, prêts à l'exportation ; s'abrutir...

Sur la pointe des pieds se faufile le « général »... Arthur donne du « général » au colonel Dubar, parce que Dubar adore ça, mais surtout par perpétuel réflexe ironique : caricature parfaite de Dourakine, Élie Dubar fut agent de la General Merchants de Lyon. C'est à lui que Rimbaud, recommandé par Trébuchet, doit son emploi chez Alfred Bardey « après avoir roulé sur la mer Rouge » ; c'est lui qui l'a recueilli malade, lui encore qui tente de convaincre Bardey de l'envoyer au Harar, en terre inconnue.

« Homme très sérieux », ancien colonel d'une légion du Rhône en 1870-1871, Élie va encore le tanner avec son hypocondrie, sa fièvre paludéenne qu'on appelle ici « la dingue »... qui lui rappelle son choléra de 1855 sur un navire-hôpital... qui lui rappelle toujours sa guerre de Crimée...

Pas du tout ! Le colonel est épanoui et tend à Rimbaud, « son ami », un livre qui arrive de la librairie d'Attigny, *Traité complet des chemins de fer,* par Couche, chez Dunod.

8
Aden Camp
28 janvier 1883

« *... ces millions de gens qui n'ont pas besoin de se connaître...* »

Quelque chose ne change pas dans le monde... ce visage peint par Brueghel dont un cinéaste rencontre le modèle en Hollande, ces profils du Caire qui ressemblent à ceux des bas-reliefs, cent cinquante générations auparavant... et à force d'attention, en lisant et en marchant beaucoup – selon la recommandation de Rimbaud –, on finit par reconnaître tour à tour tous les paysages, parfois seulement en un éclat, et tous les personnages, parfois en un éclair, d'une même histoire. Les images et les hommes sont présents. Ils viennent d'eux-mêmes, ils se présentent : le monde est ce qui vient.

En parcourant la Rimbaldie... j'ai rencontré Ali Chemmak. Son arrière-petit-fils lui ressemble sans doute, gaillard moustachu en foutah, et habite à proximité des ambassades européennes, où l'on croise les successeurs du consul de France, M. de Gaspary, qui

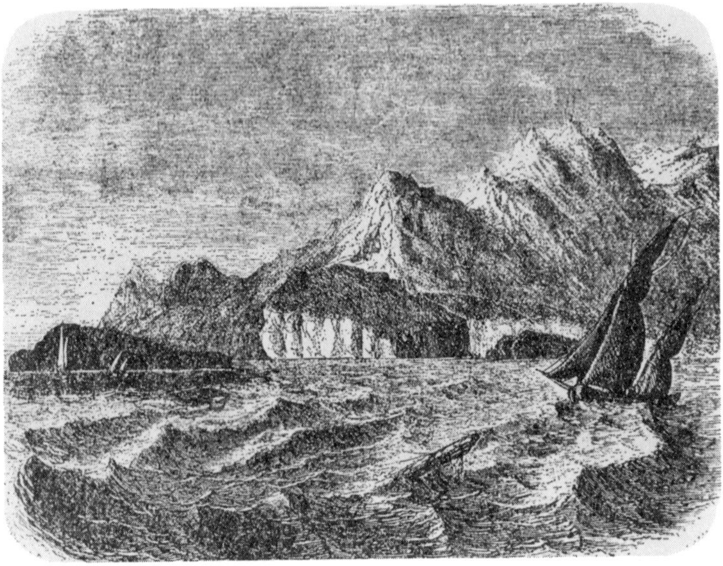

saluait dans ces ruelles son collègue le marquis Antinori.

Or, le 28 janvier 1883, à onze heures du matin, le susnommé Ali Chemmak, magasinier de l'agence Bardey, se montre « très insolent » envers Arthur : « Seul l'orgueil est vivant, il danse dans tes yeux... » disait de lui Verlaine. Impulsif, et d'une violence profonde, enfouie, mal contenue, Rimbaud administre « un soufflet » audit Ali. On ne discute pas avec le *kérani :* les bavardages et autres pertes de temps dégénèrent immédiatement.

Alors les coolies de service, les *hammals* arabes, Magjee Chapsee, et même quelques hindoues du *harim,* saisissent Rimbaud, le maîtrisent en le retenant par les bras pour permettre à Ali Chemmak d'épancher sa vengeance : celui-ci le frappe à la figure, déchire ses vêtements. Puis il le menace d'un bâton. Bardey et Pinchard font irruption dans le magasin, alertés par le tumulte. Ils désarment Ali Chemmak, séparent les adversaires.

S'ils n'étaient intervenus, la querelle aurait pu se terminer fort mal, comme sur le chantier de Chypre en juillet 1880, quand les cinquante ouvriers se sont retournés contre lui au moment de la paye – et Ottorino Rosa prétend que Rimbaud aurait tué accidentellement un ouvrier, d'un jet de pierre, en s'échappant...

« J'ai de mes ancêtres gaulois (...) la maladresse dans la lutte. » La colère grise, comme la luxure... Rimbaud sait qu'il devra comparaître devant la cour d'Aden, et qu'il s'expose à une condamnation, sinon à l'expulsion. Puis le patron enrage d'avoir à renvoyer Ali, qui était son plus ancien magasinier et contremaître : « Vous nous faites une belle réclame ! hurle Alfred. Il ne fait pas bon avoir contre soi ces gens-là, commercialement, s'entend. »

Vêtements en lambeaux, Arthur écrit le soir à M. de Gaspary pour lui rapporter les faits et demander sa protection – le vice-consul est en somme sa bonne conscience, la IIIe République en costume gris, et il saura dire de lui, plus tard, qu'il est « un Français très honorable »...

Pendant ce temps-là, à Paris, Verlaine courait dans les rues derrière Anatole France avec un couteau, pour lui faire la peau parce que le maître dédaignait *La Bonne Chanson*... Ainsi des frasques de ces « enfants de colère », dont Ali Chemmak junior rit aujourd'hui, au nom de l'aïeul. Ce sont les rixes du métier.

9
Obock
territoire des Affars et des Issas
22 mars 1883

« *Que les villes s'allument dans le soir.* »

A Obock, la chaleur est thermonucléaire.

C'était un nom qu'il fallait donner à un astéroïde ou à une supergéante rouge, *Obock* ; mais il advint en 1882 au « chef-lieu » du territoire des Afars et des Issas, dont l'avenir colonial se destinait – Rimbaud l'a crié dans le désert – à un timbre-poste. « ... Une plage déserte, brûlée, sans vivres, sans commerce... colonisée par une dizaine de flibustiers. » Un dépôt de charbon.

D'Aden, Arthur a rejoint Obock « en quatre heures de vapeur » (ce bateau au nom atmosphérique) partant pour Zeilah. « On n'y fera jamais rien », à Obock, déjà supplantée par Zeilah, sa rivale anglaise de l'autre côté du golfe, et bientôt par Djibouti (1888). Au large, un bateau de guerre français est immobilisé par la bonace, avec à son bord soixante-dix hommes d'équipage, dont soixante malades des fièvres tropicales, et le cadavre du capitaine...

Désespéré, dès son premier passage, par Obock autant que par *tout point du monde* où ne pourrait s'ac-

OBOK. — VUE PRISE DE LA RADE
Dessin de Th. Weber, d'après une gravure de l'*Univers illustré*.

complir durablement le *salut,* Rimbaud s'engage sur le « Promontoire du puits », Ras el-Bir, qui protège la plage de tous les vents, puis surmontant les falaises il s'avance très loin en direction du lac Assal.

Alors, au détour du chemin, sur une étroite plateforme dominant une plaine qui s'étend à l'infini vers le sud-ouest – une ville, soudain... : à l'horizon, paillotes et cubes blancs surmontés de coupoles dorées, une sorte de maquette rendue floue par de légères vibrations de chaleur.

– Zeilah ? demande-t-il au caravanier arabe qu'il a croisé en route.
– *La ! la !* (Non ! non !)

Rimbaud recompte les coupoles et comprend que cette ville pourtant bien assise à quelques kilomètres devant eux n'est pas Zeilah, mais une autre cité inconnue et parfaite, dont l'original se trouve bien au-delà des plaines et peut-être des mers ;
et cent fois en Arabie ou en Abyssinie il aura vu surgir ces *koubba* au croissant lumineux dominant des terrasses éclatantes : encore plus belles et toujours plus lointaines, elles sont exactement les « splendides cités » des premiers poèmes, les « splendides villes » appelées à la fin d'*Une saison en enfer,* et qui se dérobent infiniment devant le marcheur au pas pressé. A ses côtés, le caravanier arabe dit seulement « *Allah akbar* », Dieu est grand.

DÉSERT DE LIBYE, MIRAGE À L'HORIZON.
Dessin de Riou, d'après une photographie de V. D. Bérim.

10
Aden Town
dimanche 20 juillet 1884

« ... mais libre d'habiter dans votre Orient... »

Rimbaud dissimule quelque chose à sa mère, pendant plusieurs mois de 1884, dans ses lettres plus brèves et même par instants sereines – avec quelques « Tout va bien » : elle est très belle...

Même la femme de ménage, Françoise Grisard, qui pouponne la maison Bardey depuis quatre ans – et qui est seule autorisée à pénétrer dans l'appartement de Rimbaud, au deuxième étage – la trouve « assez jolie » : grande et très mince, avec ces traits fins et réguliers qui font aux Abyssines leur réputation d'inégalable beauté.

Rimbaud a prit femme en Abyssinie, comme il faisait venir les meilleurs instruments de précision – dans un but assez vague. « Femme ou idée... » écrivait-il en 1870, l'*idée* de la femme est une des *formules* innombrables de l'accès impossible à l'honorabilité, et au salut.

Du mariage, il ne caresse que l'idée : « Quant à l'idée

Donna Abissina (1)

« *Cette femme vivait avec le poète Arthur Rimbaud à Aden* », *se souvient Ottorino Rosa.*

de se marier... », à laquelle il songe depuis son arrivée à Aden, en 1880, « elle » se fonde sur les *Inconvénients du célibat* racontés par Nerval au Caire, où il se portait très bien tout seul.

« Trouver » est un mot clé de Rimbaud, dans l'œuvre et dans la vie : il y a *mieux*, toujours, *ailleurs*. Il demande à sa mère au même moment de lui trouver un bon parti ; mais c'est plus cher : au moins vingt mille francs, quand il n'en a que treize mille... « Pour des femmes pauvres et honnêtes, on en trouve par tout le monde... »

Tous nés en 1854, ils ont le même âge – à trente ans « on commence à vieillir » – et sont vieux garçons : Arthur Rimbaud, Alfred Bardey son patron, Alfred Ilg le futur « Premier ministre » de Ménélik, ou Ottorino Rosa, l'ami italien de la maison Bienenfeld, et tous admirent, s'ils ne la convoitent secrètement, l'Abyssine sans nom, à la peau rouge (Françoise Grisard dit « pas trop noire »).

Sa sœur l'accompagne, et plus jeune elle ne quitte pas l'agence Bardey – dans la cour intérieure ouverte sur le ciel, un cortile avec des balustrades de bois bleu aux étages. Comme chaque dimanche, Françoise est venue faire le ménage. Elle a vu la belle Abyssine apprenant le français, qu'elle parle un tout petit peu, parce que Rimbaud « veut l'instruire » (de même qu'il rêve d'un fils « ingénieur, grand par la science ») : il confie son instruction aux sœurs de la Mission (elle est chrétienne, étant amhara), chez le père François.

A la nuit tombée seulement ils sortent dans le souk. « Comme on ne peut rien confier à personne », Rimbaud boucle sa ceinture à goussets contenant treize mille francs-or, sous sa veste noire. Elle est habillée à l'européenne... Elle ne parle jamais. Rimbaud non plus... Ils vont voir les bateaux : le *Bien-Hoa*, qui transporte du matériel au Tonkin, fait son entrée en rade... Elle fume la cigarette.

11
Tadjoura
colonie française d'Obock
16 septembre 1886

> « *Mais on s'en va dans les sables*
> *Oublié, méprisé, fort.* »
> *Charles Cros*

Veuillez noter sa nouvelle adresse :

« Monsieur Arthur Rimbaud
à Tadjoura
Colonie française d'Obock »

Un petit port au fond d'une grande baie s'ouvrant sur la rive africaine du golfe d'Aden ; une mosquée entourée de paillotes, dans l'air salé du lac Assal... Là, « sous l'unique bosquet de palmiers du village », M. Arthur Rimbaud attend. Comme jadis ou naguère un rimeur notait dans l'*Album zutique* :

« ... que fait-tu, poète,
De Charleville-s-arrivé ?
– J'attends, j'attends, j'attends !... »

sous l'unique bosquet de palmiers il attend.

En ce point du globe, le deuxième problème est l'eau, juste après l'air.

LA MOSQUÉE A TOUDJOURRAH.

Quand ces deux premiers points sont satisfaits (six mois pour l'acclimatation, chaque heure pour l'eau potable), le quatrième problème à Tadjoura est celui des routes. Depuis cinquante ans les Européens cherchent l'accès de ces hauts plateaux que les Arabes désignent du nom de *Barr Adjam* – « terre inconnue », ou plutôt « pays des non-Arabes », les provinces du Choa et d'Abyssinie... Pour atteindre le royaume de Ménélik, l'explorateur Paul Soleillet, seul, avait acquis Tadjoura en 1882 (*conquis* serait mieux dire) et sur la voie ouverte en 1839 par un autre Normand, Jules Dufey, offrait à son pays ce cadeau empoisonné, la route dite « de Tadjoura », tandis que les Italiens passaient par Assab, et les Anglais par Zeilah...

Lever une caravane de trente chameaux pour porter au Négus trois mille fusils, telle est la nouvelle idée – exceptionnellement intelligente et courageuse – d'Arthur. Toute sa vie le mot *route* vient sous sa plume, toujours la route sonne sous son pas. Mais jamais « la route de dangers... la grande route par tous les temps » ne s'annonce aussi pénible que celle qui mène à Ankober, « le Péage du bois » : une « route terrible... d'affreux déserts » (écrit-il à sa mère, ou, dans la version à l'adresse du ministre français des Affaires étrangères) : « une route de cinquante jours dans le plus aride des déserts... »

Maître absolu de Tadjoura, Abou Bekr Pacha, ancien sultan de Zeilah, contrôle le passage et l'entrée du

Somal – c'est le problème numéro trois, le pire. Chef d'une famille de trois mille individus, « *le redoutable bandit Mohammed Abou Bekr* » (écrit Rimbaud à M. de Gaspary, en soulignant) détient le monopole du trafic des esclaves ; chaque Noir ou Galla transporté en Arabie sur le boutre de Sagalo lui rapporte un demi-rial.

Vêtu d'une *gandoura* de blancheur douteuse et coiffé d'un énorme turban de mousseline, il reçoit, en égrenant son chapelet, les voyageurs qui sollicitent sa bienveillance et réclament des chameaux : le regard fuyant, Abou Bekr répond invariablement *Inch Allah*, en projetant un jet de salive sans s'inquiéter de la direction qu'il prend.

La France en rivalité avec la Grande-Bretagne s'abstient d'entraver « les trafics obscurs des Bédouins » pour conserver une tête de route. « Il y a un fort, précise Rimbaud, construit jadis par les Égyptiens... » (le sarcasme pointe à nouveau : il dénigre toujours tout ; c'est ce qui, à la longue, fait hurler de rire son entourage, même sa sœur auprès de son lit d'hôpital) « ... où dorment six soldats français... »

Rimbaud attend, sous l'unique bosquet de palmiers du village ; les zébus ruminent sous les manguiers. Sans compter qu'il faut prévoir encore deux mois pour un aller simple à Ankober, Rimbaud doit reporter son départ, de semaine en semaine, de mois en mois : la marchandise est arrivée – soixante caisses de vieux fusils belges, cinq cent mille cartouches – mais il n'obtient pas les chameaux ; son associé Labatut est mort, d'un cancer foudroyant ; le nouvel associé, Paul Soleillet, est mort la semaine dernière, le 9 septembre, emporté par une insolation dans les rues d'Aden ; enfin les fusils de Rimbaud ont été mis sous séquestre par le gouvernement français. L'homme pressé – le seul, sans doute, de ce continent ! – a dû subir l'été « sur ces côtes maudites » : il faut « une patience surhumaine dans ces contrées ».

Il apprend l'amhara, dans ce dictionnaire *huit fois* demandé et attendu six mois, le *Dictionnaire de la langue amhara* de d'Abbadie, le fameux voyageur du *Magasin pittoresque :* bientôt, dans les paysages même des gravures de cette revue qu'il lisait enfant, il étudiera vraiment cette grammaire qu'il s'était promis d'apprendre, au lycée – quand avec ses copains Méry et Bourde ils se partageaient les rôles pour explorer les sources du Nil : les autres n'ont pas tenu parole, ils écrivent dans *Le Figaro*.

Le consul de France, M. Henry, ainsi que Dimitri et Constantin Righas, amis grecs de Harar, débarquent du *Météore* qui assure la navette avec Aden. Segalen interrogera plus tard les frères Righas, à Djibouti, où ils tiendront deux cafés face à face ; en réalité, ils étaient quatre frères, et pas de trop pour réfléchir... Ils apportent à Rimbaud une lettre de Jules Suel, des vêtements pour la route, et pour se protéger du soleil une ombrelle noire doublée de vert.

Derrière eux, le golfe de Tadjoura brise sur les

coraux ses vagues invisibles, que coupent sans doute les requins à nez pointus de la mer Rouge et les dauphins rigoleurs. Rimbaud attend depuis une année entière. Les Remington sont enterrés sous l'unique bosquet de palmiers du village.

12
Aden
Steamer Point
21 juillet 1887

« L'ennui n'est plus mon amour... »

Aden, 1990. Dans le hall de l'hôtel, quelques Arabes des émirats comptent sur leurs doigts, en commençant par l'auriculaire. Sur la mappemonde d'Air France, un cutter a découpé Israël. Nous roulons dans l'« avenue de la Victoire », avec ses étoiles rouges blettes.

Devant un soviet délabré, je vois très franchement une usine à la place d'une mosquée... Au large, l'« île des esclaves », longtemps inaccessible, fut l'horizon d'Arthur Rimbaud pendant quarante-cinq mois. L'« île des esclaves », où étaient incarcérées les victimes de la traite, a été renommée l'« île des travailleurs » – parfait symbole du régime défunt.

Nous franchissons le tunnel qui relie les deux parties de la ville – un tunnel très étroit jadis et d'où sortaient, un à un, continuellement, des chameaux.

Steamer Point, quartier de la pointe ouest d'Aden, a gardé un air de sous-préfecture : on se croirait à Pondichéry... Adossés au roc, en demi-cercle devant la plage de Tawaïe où accostait la malle des Indes, s'étagent des bungalows hindous aux persiennes bleues – façades jaunes et délabrées, linge et tapis aux balcons – qui furent l'un ou l'autre l'agence des Messageries maritimes, de la Peninsular and Oriental, ou la résidence du gouverneur.

« Je change donc d'avis à ce sujet : écrivez-moi seulement à l'adresse suivante : Monsieur Arthur Rimbaud, Hôtel de l'Univers, à Aden. »
Nous y sommes. Le Grand Hôtel de l'Univers a changé de nom, et de place, mais tout est là – même le bilan d'une épopée : un butin de pièces rouillées, incrustées dans la terre, une trentaine de capsules de bière...

A Aden, Hôtel de l'Univers, « mon adresse habituelle » ; au Caire, à l'Hôtel de l'Univers ; ou L'Univers à Charleville, place de la gare – l'Univers est son hôtel.

Devant les ruines de l'Univers, je pense à l'Arabe que fut Rimbaud – de l'autre côté, en Afrique... Dans la steppe d'herbes hautes où aucun Européen n'avait encore pénétré, il a été reçu par son « ami » l'oughaz de Malingour, Omar Hussein, le plus puissant chef de l'Ogadine : « *Salam, Abdoh Rinbo.* »

Omar Hussein ne connaît qu'Abdallah (« serviteur de Dieu ») Rinbo, selon le cachet de cire avec lequel ce riche marchand mahométan scelle ses lettres. Abdoh Rimb, drapé dans une couverture rouge, le visage au teint kabyle entouré d'un large turban blanc, aime à s'entretenir avec lui du livre saint – quoique parfois certaines interprétations laissent Omar perplexe... Abdoh Rimb (en 1881) parle « admirablement » l'arabe – comme en témoigneront les explorateurs Borelli, ou Robecchi-Bricchetti : « *conosceva a fondo la lingua araba* » ; évidemment, puisqu'il est arabe ! Plutôt que d'en douter, Omar Hussein se laisserait manger par ses lions. Comment peut-on être ardennais ? Il vaut mieux pour Abdallah aussi, d'ailleurs, que l'oughaz n'en doute pas un instant.

De retour à Aden, en Arabie, Rimbaud reprenait ses cotons blancs, traversant les souks vêtu à l'européenne. Et en Europe ? Il était « nègre blanc ».

GRAND HÔTEL DE L'UNIVERS : l'enseigne de trente mètres de long, en 1880, a été raccourcie, proportionnée à la fréquentation – une clientèle d'explorateurs de l'Afrique orientale... Ce 21 juillet 1887, à l'instant où Rimbaud franchit l'arcade de l'entrée, Pinchard, en chaise longue sous la véranda, croise les jambes sur la balustrade, exactement comme au Texas à la même époque – il ressemble aux frères Pereire, ces véritables *cow-boys* photographiés par Zola, qui éventrent Paris... Jules Suel bondit. La cinquantaine très alerte, costume colonial impeccable, le patron de l'Univers trouvait le temps long depuis que le petit jeune s'aventurait au Choa avec les quatre mille thalers qu'il lui avait prêtés... Jules envoie un Arabe à Aden Town prévenir son beau-frère Dubar de l'événement : « Il est revenu ! » Vivant, mais dans quel état. Les rumeurs apportées par

*Le grand hôtel de l'Univers, Aden,
Steamer point, 1905 (inédite).*

des Somalis le disaient mort depuis longtemps, assassiné après Lucereau, Arnoux, Sacconi, Barral et tant d'autres par les Danakils ; des rumeurs plus récentes le donnaient mort au Harar – ce « cloaque » – dévasté par la guerre et par la famine.

En retrouvant le « confort » (comme on dit en franglais d'alors) d'un hôtel européen et en compagnie d'amis, Rimbaud éprouve un sentiment peu fréquent – la sécurité. On s'empresse autour de lui, on considère son visage ravagé, aux petites moustaches flavescentes, les cheveux gris et courts coiffés d'une chéchia... La « dégaine étrange » que lui trouvait Savouré à Entotto leur est familière.

Dans un coin sombre du « salon » de l'Univers se tient discrètement un officier anglais, sous la photographie du jeune Henri Lucereau, un passager de l'hôtel, assassiné par les Itous Gallas en décembre 1880, près du lac Haramoya où il cherchait les sources du Nil bleu.

Élie Dubar est venu, malgré une douleur lombaire, en compagnie d'Alfred Bardey, cet « ignoble pignouf » avec lequel Rimbaud s'est tout à fait réconcilié ; Pinchard les a rejoints, puis Delagénière – tout à la fois agent consulaire et agent des Messageries maritimes – et Rimbaud le mutique, qui ne « parlera pas... » (annonçait un premier poème, *Sensation*), qui « ne dit pas un mot... » au square de la gare de Charleville, qui hurlait « plus de mots ! » dans la *Saison en enfer*, qui

« parle peu » selon Bardey et « cause très peu » à Françoise Grisard – s'élance dans un des très rares et longs récits volubiles de sa vie, trouvant sans peine les mots les plus précis, juridiques ou scientifiques, ouvrant de brèves digressions épatantes, d'ordre géopolitique surtout, dénigrant tout sans changer de ton, avec des hyperboles irrésistibles et le détail qui tue. Comme à Harar Jules Borelli et Robecchi-Brichetti, « on l'écouterait des heures ».

Pendant que Mme Suel sert des boissons glacées – qui le changent bien des eaux épaisses et mêlées de poils bues au zemzemi de cuir – ils ont entendu, sidérés ou hochant la tête, approuvant ou se lamentant dans un bel ensemble, le récit de l'aventure qu'ils lui avaient tous – plus ou moins – déconseillé d'entreprendre.

Un an d'attente à Tadjoura, palabres, bakchichs et contretemps tragiques. En octobre enfin, quand s'ouvre la « saison des fièvres », la caravane *(gaflah)* se lève, avec ses soixante chameaux marqués « R » à la cuisse ; elle se dirige de son pas lent en direction du Lac salé, s'allongeant à mesure qu'elle avance, tandis que Rimbaud sur son cheval va-et-vient pour surveiller le défilé « par des routes horribles rappelant l'horreur présumée des paysages lunaires ».

Dès la sixième étape de Tadjoura, sur une plaine désertique bordée de chaque côté par une épaisse ligne d'ossements des chameaux morts en route depuis des siècles, les Danakils ont attaqué... Ils

Fig. 109. — AL MIO RITORNO IN ADEN, coi miei servi Jubir, Franciscôs, Ghencio e Garonna.

accompagnent jour et nuit les caravanes en frappant leurs petits boucliers d'hippopotame du manche de leur lance, puis, surgissant des champs de laves avec lesquels ils se confondent, disparaissent comme des djinns, emportant le corps d'une victime dont ils porteront les testicules autour du cou.

Mme Suel sert à présent le café, après les confitures et les pommes de Cythère (ces très belles pommes rouge et jaune des Seychelles, au noyau rempli d'épines, particulièrement immangeables) : *el boun*, dans une cafetière de pierre à gros bec... non pas une pâte en fond de tasse, comme en Abyssinie, mais un café aussi clair que la tisane de tilleul, à peine plus parfumé, et poivré au gingembre – à Aden, on produit du moka, mais on n'en consomme que les cosses vertes...

L'auditoire frissonne dans la nuit noire d'Aden. Au récit du voyageur – seule et unique distraction de l'existence – chacun se sent plus intelligent, et parfaitement honnête. Rimbaud parle, mais il ne dit pas tout ; on sent que ses malheurs le nourrissent plutôt qu'ils ne le détruisent ; que les ennuis cachent un tourment. Peut-on vivre en face de quelqu'un qui a un secret ? L'officier britannique, dans la pénombre du salon, se lève sans bruit. Il va télégraphier à Londres. Il est officier de liaison au Foreign Office, tout le monde s'en doute. Mais on fait silence brusquement, car il vient de renverser le crachoir à qat.

13
Suez, Égypte
18 août 1887

« ... *des instruments de précision dans l'Orient tout entier...* »

Contournant la statue de Waghorn, l'un des prédécesseurs de Lesseps, à l'extrémité de la jetée, le *Yarra* de la P. and O. en provenance de Zanzibar, *via* Aden et Massaoua, longe un navire de guerre portugais couvert d'oiseaux de mer... Il accoste au port Tewfik, bordé de magasins sur trois kilomètres jusqu'à Suez... Rimbaud et Djami, montés à bord à Massaoua, descendent à l'escale de Suez pour rejoindre Le Caire « au plus pressé ».

Lucien Labosse, vice-consul de France à Suez, passionné de géographie, les reçoit pour une nuit – « un trop court passage ! ». Le lendemain matin, 18 août, Arthur remarque une nouvelle pancarte parmi les boutiques du quai : APHINAR... Il se promet de se renseigner sur « le prix de ses services », lorsqu'il repassera par ici – Suez, la ville nommée dans son dernier souffle...

La locomotive rouge à vapeur, seize roues à rayons, le flanc marqué en lettres d'or *Remembrance 333* et la chaudière précédée d'un tablier pointu, avait déjà peiné longtemps sur la London Brighton & South Coast section avant de relier Suez au delta du Caire, bien avant l'ouverture du canal – maintenant elle se meurt. Elle traîne une douzaine de wagons, surchargés de marchandises ; dans les trois voitures accessibles aux voyageurs indigènes, Juifs, Arabes, fellahs, Bédouins, Somalis et quelques chèvres s'entassent après un pugilat en règle, qui s'éternise en discussions. Dans le dernier wagon ne montent que les femmes, toutes voilées.

Arthur et Djami occupent le compartiment réservé aux Européens : ils sont seuls. L'intérieur de la voiture a dû être très élégant, mais le linoléum blanc à bords fleuris, qui garnit le plafond voûté, a été crevé depuis longtemps et jamais réparé. Arthur rougit de colère en pensant à ce livre qu'il voulait demander à sa mère, et qu'il a eu la bêtise de biffer d'une liste : *Le Conducteur de locomotives*, par Richard. Le jeune serviteur abyssin s'émerveille de tout en silence.

Entraînant son convoi à travers les sables, la *Remembrance* halète irrégulièrement, selon les dépressions de l'ancienne route des pèlerins. Mais elle s'immobilise bientôt, en plein cagnard. Le mécanicien, le chauffeur et le conducteur sautent de leur plate-forme et vont faire la conversation avec les gardiens de la voie, à demi en uniformes, devant une cabane. A cheval sur des chaises en lattes de bois, ils causent et boivent à grands traits des gargoulettes d'eau. Ils paraissent avoir oublié leurs voyageurs, dont aucun ne proteste. Aucun.

14
Le Caire, Égypte
Jeudi 25 août 1887

« *Il est parti vers des Égyptes...* »
Verlaine, au cabaret du *Chat noir*

Il faut venir du Sud pour visiter Le Caire. En arrivant d'Europe, on croit trouver les Indes. Mais, en revenant d'Afrique noire, au-delà des cataractes du Nil, après une longue plongée comme en apnée dans les déserts, on a l'impression d'un retour en Europe, d'une remontée à la surface.

Après « la steppe d'herbes hautes », Rimbaud redécouvre dans la cacophonie de la cité fatimide « la vie à l'européenne », dont il avait perdu l'idée et qui, par contraste, lui fait prendre conscience de l'étrangeté miséreuse de sa vie depuis de longues années.

Grand et mince, yeux gris et vêtements blancs neufs, il se faufile dans l'immense dédale des khans et des souks, entre les échoppes où gémissent des musiques alanguies, sirupeuses, mêlées à toutes les odeurs...
« Très affaibli » par son équipée désastreuse au Choa, il marche du même pas pressé, à grandes enjambées : toujours l'épaule gauche très en avant de la droite...

LE CAIRE. — UNE RUE DE LA VIEILLE VILLE.
Dessin de E. Schiffer, d'après une photographie.

Mais il claudique légèrement, à cause de sa ceinture bourrée d'or, qui pèse maintenant huit kilos et lui « flanque la dysenterie ».

Ce matin, près du souk al-Ghoureyya, où s'opèrent les transactions commerciales, il dépose ses seize mille francs-or à l'agence du Crédit lyonnais.

Suivi par son fidèle Djami, dont le nom contient le mot ami, et qui souvent doit courir pour le rattraper, Arthur poursuit au Caire « la vie libre », indissociable pour lui du « vagabondage » dont un poème – *Sensation*, dès 1870 – parlait au futur. Et toujours aussi le mirage du « repos » recule devant toutes sortes d'*idées*, une par jour.

Son ami l'explorateur Jules Borelli, véritable personnage de Jules Verne, est arrivé au Caire depuis peu. Dimanche dernier, il l'a présenté à son frère, Octave, avocat riche et influent. Jules s'est déclaré également « très déprimé » par son récent périple abyssin, mais il voulait à tout prix connaître la fin de l'histoire : que s'est-il passé, après la rencontre avec Ménélik, depuis que vous m'avez quitté au galop sur la nouvelle route de Harar ? Pour Octave, Arthur a donné la version scientifique de son « voyage circulaire » en dix-huit stations.

Un luxueux exemplaire doré sur tranche de *La Nouvelle Géographie universelle* d'Élisée Reclus, paru chez Hachette en 1885, règne dans la bibliothèque de l'avocat. Et toute la soirée encore ils ont parlé de « ces pays totalement inexplorés par les Européens... » et d'Élisée Reclus, ce prodigieux savant retiré à Menton, qui étudie la planète à cent mètres près sans sortir de chez lui, comme son nom l'indique. Jules Borelli et Rimbaud se sont appliqués à compléter cette partie sud de la carte n° 10, l'Afrique septentrionale, sur laquelle Reclus avait écrit : « parties de l'Afrique non encore décrites ». Tard dans la nuit, ils ont tenté de tracer le cours du fleuve Sambourou, que le comte hongrois Téléki cherche au nord-ouest du Kenya, enfoncé jusqu'à dix jours au sud du Kaffa, et qui n'existe pas.

Comme sur les routes d'Europe, où il avait connu « chaque fils de famille », Arthur a rencontré tous les personnages d'Arabie, émirs, sultans, explorateurs, diplomates, commerçants, colons, aventuriers ou Bédouins ! Ce soir-là était invité le marquis de Grimaldi-Régusse, avocat à la cour d'appel du Caire, mondain et boulangiste notoire, à qui le consul de Massaoua, Alexandre Merciniez, avait particulièrement recommandé Rimbaud ; mais ils ne se sont rien dit. Il y avait aussi Émile Barrière Bey, directeur de l'important quotidien cairote *Le Bosphore égyptien*.

Et aujourd'hui jeudi, Rimbaud achète lui-même, dans les rues du Caire, *Le Bosphore égyptien* qui reproduit sa relation de voyage sur vingt-deux colonnes ! Lui qui n'avait pas connu depuis quatorze ans « cette petite chose immense : imprimer » (comme disait Verlaine, en 1884, en publiant ses poèmes, à son insu, dans *Les Poètes maudits*), il peut *se lire,* partout, pendant deux jours, dans la ville aux mille mosquées, Arthur Rimbaud enfin nommé dans la foule sans nom.

15
Zeilah
Somaliland britannique
vendredi 17 avril 1891

« *Je veux que l'été dramatique*
Me lie à son char de fortune. »

Les paillotes flambent à Zeilah, même les araignées fuient. La cartoucherie des *askaris* explose. Et le vent, qui transforme en torches tout l'Ouest du village, projette par-dessus la maison Tramier-Lafarge des brandons jusqu'au port, où seize nègres épuisés, assis en tailleur, regardent la civière qu'ils ont portée au pas de charge pendant douze jours à travers trois cents kilomètres de désert : arrimée à deux câbles, elle est hissée sur le vapeur d'Aden : elle est suspendue à présent, à moitié disloquée et balance un instant : ils aperçoivent, par l'échancrure du rideau de cuir, le visage tétanisé par la douleur de celui qui a tellement hurlé contre eux – eux qui couraient sous l'orage et dans la canicule, jour et nuit, trente heures de jeûne complet, sales nègres, imbéciles, bêtes de somme, et leur imposait des amendes : « Mouned-Souyn 1 thaler, Abdullah, 1 thaler, Baker, 1 thaler... » Ils l'ont jeté à terre à l'arrivée : Zeilah, terme alphabétique du voyage.

Mouned-Souyn va retourner nonchalamment chez lui, à Dalahmaleh, près de la rivière où ils ont campé dimanche dernier. Cette grande plaine a trois noms, parce que l'on ne fait le plus souvent que la traverser : *Dalah* (« quand tu passes, tu es un ami ») ; *Dahélimaleh* (« pays stérile, impossible de le prendre, d'y demeurer ») ; puis *Maleh* (« passé, je ne te connais plus »). Elle est passée, ta civière, Abdo Rimbo : je ne te connais plus. Mais leurs regards se touchent, une poignée de secondes, pendant que la civière tournoie pour être déposée sur le pont, et en cet instant tous ont compris l'immense douleur à laquelle ils ont pris part : Arthur Rimbaud, la jambe attachée au cou, leur a adressé un petit geste laconique, et les porteurs répondent, tous les seize. Les hommes peuvent tout se pardonner, réciproquement, sans l'aide du temps. Non loin, une hutte calcinée s'effondre. « Qu'Allah protège cette civière », murmure Mouned-Souyn, en amharique, où ce mot *(alga)* a deux sens : civière, et trône.

Fig. 4. — RADA DI ZEILA (Disegno di G. M. Giulietti)

La photographie inédite du Grand Hôtel de l'Univers à Aden est due aux soins et à la générosité du professeur Muherez. Le portrait de la femme abyssine de Rimbaud a été publié par Ottorino Rosa en 1913, dans son ouvrage *L'Impero del leone di Giuda*, reparu en 1980 à la Casa editrice F. Apollonio & Co (Brescia, 1980) : nos remerciements vont de même à Mme Lidia Herling Croce.

Les gravures d'époque sont extraites des ouvrages suivants : Jules Borelli, *L'Éthiopie méridionale* (Rouen, 1888 ; pour Tadjoura) ; Antonio Cecchi, *Da Zeila alle frontiere del Caffa, pubblicati a cura e spese della Società geografica italiana*, trois volumes, Rome, Ermanno Loescer & Co, 1886 (pour « mio ritorno in Aden » et Zeilah) ; Élisée Reclus, *La Nouvelle Géographie universelle*, Paris, Hachette, 1885, pour le reste du monde, comme il l'eût souhaité.

Table

Départs, « dès toujours » 11
1. Port-Saïd, Égypte, 24 juin 1876 17
2. Alexandrie, Égypte, 10 décembre 1878 . . . 21
3. Djedda, Arabie, 7 juillet 1880 25
4. Souakin, Soudan, 8 juillet 1880 29
5. Massaoua, Érythrée, 7 août 1880 35
6. Hodeïda, « Arabie turque », 10 août 1880 . . 39
7. Aden, Yémen, 2 novembre 1880 (Krater) . . 43
8. Aden Camp, 28 janvier 1883 47
9. Obock, territoire des Afars et des Issas, 22 mars 1883 51
10. Aden Town, dimanche 20 juillet 1884. . . . 55
11. Tadjoura, colonie français d'Obock, 16 septembre 1886 59
12. Aden, Steamer Point, 21 juillet 1887 65
13. Suez, Égypte, 18 août 1887 73
14. Le Caire, Égypte, jeudi 25 août 1887 75
15. Zeïlah, Somaliland britannique, vendredi 17 avril 1891 81

IMPRIMERIE HÉRISSEY À ÉVREUX (2-91).
DÉPÔT LÉGAL : JANVIER 1991. N° 12885-3 (54041)

Dans la même collection

DOMAINE FRANÇAIS

Bruno Bayen, *Restent les voyages*
Simone Benmussa, *Le Prince répète le prince*, roman
Jean-Luc Benoziglio, *La Boîte noire*, roman
Beno s'en va-t-en guerre, roman
L'Écrivain fantôme, roman
Cabinet Portrait, roman
Le Jour où naquit Kary Karinaky, roman
Tableaux d'une ex, roman
Alain Borer, *Rimbaud en Abyssinie*, essai
Philippe Boyer, *Le Petit Pan de mur jaune*, essai
Pascal Bruckner, *Lunes de fiel*, roman
Parias, roman
Pascal Bruckner et Alain Finkielkraut, *Le Nouveau Désordre amoureux*, essai
Au coin de la rue, l'aventure, essai
Belinda Cannone, *Dernières promenades à Petrópolis*
Michel Chaillou, *La Croyance des voleurs*, roman
La Petite Vertu
Antoine Compagnon, *Le Deuil antérieur*, roman
Hubert Damisch, *Fenêtre jaune cadmium*, essai
Michel Deguy, *Jumelages*, suivi de *Made in USA*, poèmes
La Poésie n'est pas seule, essai
Jacques Derrida, *Signéponge*, essai
Jean-Philippe Domecq, *Robespierre, derniers temps*, récit
Sirènes, sirènes, roman
La Passion du politique, essai
Lucette Finas, *Donne*, roman
Alain Finkielkraut, *Ralentir, mots-valises!*
Le Juif imaginaire, essai
L'Avenir d'une négation, essai
Viviane Forrester, *La Violence du calme*, essai
Van Gogh ou l'Enterrement dans les blés, biographie
Jean-Marie Gleize, *Léman*
Jean-Guy Godin, *Jacques Lacan, 5 rue de Lille*, récit
Georges-Arthur Goldschmidt, *Un jardin en Allemagne*, récit
Serge Grunberg, « *A la recherche d'un corps* ». *Langage et silence dans l'œuvre de William S. Burroughs*
L'Hexaméron (Michel Chaillou, Michel Deguy, Florence Delay, Natacha Michel, Denis Roche, Jacques Roubaud)
Nancy Huston, *Les Variations Goldberg*, roman
Histoire d'Omaya, roman

Nancy Huston et Sam Kinser, *A l'amour comme à la guerre*, correspondance
Jeanne Hyvrard, *Le Corps défunt de la comédie*, littérature
Abdellatif Laâbi, *Le Règne de barbarie*, poèmes
Jacques Lacarrière, *Le Pays sous l'écorce*, récit
Hugo Lacroix, *Raideur digeste*, roman
Giovanni Marangoni, *George Jackson Avenue*, roman
François Maspero, *Les Passagers du Roissy-Express*
Patrick Mauriès, *Second manifeste Camp*, essai
Pierre Mertens, *Les Éblouissements*, roman
Lettres clandestines, récit
Natacha Michel, *Impostures et séparations*, 9 courts romans
Canapé Est-Ouest
Le Jour où le temps a attendu son heure, roman
Jean-Claude Milner, *Détections fictives*, essais
Philippe Muray, *Jubila*, roman
Claude Nori, *Une fille instantanée*, roman
Pierre-Yves Petillon, *La Grand-Route*, essai
L'Europe aux anciens parapets, essai
Rafaël Pividal, *La Maison de l'Écriture*, roman
Marcelin Pleynet, *Les États-Unis de la peinture*, essais
Alina Reyes, *Le Boucher*, roman
Jean Ricardou, *Le Théâtre des métamorphoses*, mixte
Jacqueline Risset, *Dante écrivain*, essai
François Rivière, *Fabriques*, roman
Le Dernier Crime de Celia Gordon, roman
Agatha Christie, « Duchesse de la mort », essai
Profanations, roman
Tabou, roman
Julius exhumé, roman
Denis Roche, *Louve basse*, roman
Dépôts de savoir & de technique, littérature
Maurice Roche, *Je ne vais pas bien, mais il faut que j'y aille*, roman
Patrick Roegiers, *Beau regard*
Olivier Rolin, *Phénomène futur*, roman
Bar des flots noirs, roman
Alix Cléo Roubaud, *Journal 1979-1983*
Jacques Roubaud, *Le Grand Incendie de Londres*
Élisabeth Roudinesco, *Théroigne de Méricourt*, essai
Pierre Schneider, *Plaisir extrême*, essai
Jacques Teboul, *Vermeer*, roman
Cours, Hölderlin, roman
Le Vol des oiseaux, roman
Jean-François Vilar, *Les Exagérés*, roman
Bertrand Visage, *Tous les soleils*, roman
Angelica, roman
Rendez-vous sur la terre, roman

Frédéric Vitoux, *Fin de saison au palazzo Pedrotti*, roman
La Nartelle, roman
Riviera, nouvelles
Sérénissime, roman

DOMAINE ÉTRANGER

John Ashbery, *Fragment*, poèmes
Donald Barthelme, *Le Père mort*, roman
Walter Benjamin, *Rastelli raconte...*, nouvelles
José Bergamin, *La Solitude sonore du toreo*, essai
Margarete Buber-Neumann, *Milena*, biographie
William S. Burroughs, *Le Métro blanc*, textes
Robert Coover, *Le Bûcher de Times Square*, roman
La Bonne et son Maître, roman
Une éducation en Illinois, roman
Gérald reçoit, roman
Florence Delay et Jacques Roubaud, *Partition rouge*, poèmes et chants des Indiens d'Amérique du Nord
John Hawkes, *Aventures dans le commerce des peaux en Alaska*, roman
Innocence in extremis, récit
Le Photographe et ses modèles, roman
La Patte du scarabée, roman
Glenn B. Infield, *Leni Riefenstahl et le IIIe Reich*, essai
Giorgio Manganelli, *Discours de l'ombre et du blason*
Thomas Pynchon, *V.*, roman
L'Homme qui apprenait lentement, nouvelles
Vente à la criée du lot 49, roman
L'Arc-en-ciel de la gravité, roman
Ishmaël Reed, *Mumbo Jumbo*, roman
Thomas Sanchez, *Rabbit Boss*, roman
Kilomètre zéro, roman
Susan Sontag, *La Photographie*, essai
La Maladie comme métaphore, essai
Moi, et cetera, nouvelles
Sous le signe de Saturne, essais
Gertrude Stein, *Ida*, roman
Autobiographie de tout le monde
Botho Strauss, *Théorie de la menace* précédé de *La Sœur de Marlene*, récits
Kurt Vonnegut, *Le Breakfast du champion*, roman
R. comme Rosewater!, roman
Le Cri de l'engoulevent dans Manhattan désert, roman
Gibier de potence, roman
Rudy Waltz, roman
Tom Wolfe, *Acid Test*, roman